AF203837

suhrkamp taschenbuch 4918

Als Kind im Jerusalem der 40er Jahre erlebt Amos Oz den Hass auf Deutschland als etwas Absolutes, Unverrückbares. Die Deutschen sind Mörder, ihre Sprache, ihre Produkte geächtet, das Wiedergutmachungsabkommen von 1952 noch als Schande verschrien. Und in jedem Pass des jungen Landes steht »Gültig für alle Länder – mit Ausnahme von Deutschland«. Doch dann sind da die Bücher, die Literatur, dann lesen er und das ganze Land Lenz, Böll, Grass, und ein Wandel vollzieht sich, im Kleinen wie im Großen, in ihm wie im Staate Israel …

Amos Oz, geboren 1939 in Jerusalem, ist einer der international bekanntesten israelischen Schriftsteller. Sein Werk wurde vielfach ausgezeichnet, unter anderem mit dem Friedenspreis des Deutschen Buchhandels (1992), dem Goethe-Preis der Stadt Frankfurt am Main (2005) und dem Siegfried Lenz Preis (2014). *Eine Geschichte von Liebe und Finsternis* wurde in alle Weltsprachen übersetzt und erreichte eine Auflage in Millionenhöhe.

Amos Oz

DEUTSCHLAND UND ISRAEL

Mit einer Nachbemerkung
von Amos Oz

Mit einem Vorwort
von Norbert Lammert

Suhrkamp

Erste Auflage 2018
suhrkamp taschenbuch 4918
© Amos Oz 2005, 2018
© Vorwort: Norbert Lammert 2018
© dieser Ausgabe Suhrkamp Verlag Frankfurt am Main 2005, 2018
Suhrkamp Taschenbuch Verlag
Umschlaggestaltung: Brian Barth, Berlin
Druck und Bindung: CPI – Ebner & Spiegel, Ulm
Printed in Germany
ISBN 978-3-518-46918-7

Inhalt

Norbert Lammert

FREUNDSCHAFT IST EIN GESCHENK

Wenn überhaupt, hat wohl jeder seine eigene Beziehung zu Israel. Meine persönliche Verbindung mit dem Land und seinen Menschen beginnt mit meiner parlamentarischen Arbeit vor inzwischen fast vierzig Jahren. 1981, als junger, gerade erst in den Bundestag gewählter Abgeordneter, führte mich meine erste Reise nach Israel. Die Begegnungen auf dieser Reise sind mir in besonders lebhafter Erinnerung. Die damalige Zurückhaltung, die erkennbar abwartende Haltung uns deutschen Parlamentariern gegenüber war spürbar, auch von unseren israelischen Kolleginnen und Kollegen. Ich habe sie damals wie heute sehr gut verstanden. Gerade einmal fünfzehn Jahre waren vergangen, seit unsere beiden Staaten diplomatische Beziehungen zueinander aufgenommen hatten – und gerade einmal eine Generation seit der Shoah. Ganz besonders hat sich mir eine Diskussion in der Knesset ins Gedächtnis gebrannt, bei der es um die Frage ging, wie sich die Beziehungen beider Länder zueinander »normalisieren« ließen. Schon damals war ich überzeugt: Unsere Beziehungen könnten niemals »normale« Beziehungen sein. Genau das dürfen sie niemals werden: schlicht »normal«.

Amos Oz schreibt zu Recht, normale Beziehungen zwischen Deutschland und Israel seien weder möglich noch angemessen. Seit Jahrhunderten seien sie nicht von Normalität geprägt und das gelte auch für die Zukunft.

Eindrücklich und prägnant schildert Amos Oz, warum das so ist, anhand seines eigenen Lebenslaufes, der – wie für die überwiegende Mehrheit der Juden seiner Generation – eng verbunden ist mit der Frage, wie man zu Deutschland und den Deutschen steht. Dem sechsjährigen Amos Oz wird erklärt, dass er viele seiner von Deutschen ermordeten Verwandten niemals kennenlernen werde. Als Schüler will er Deutschland für immer mit einem Bann belegen und beschließt, niemals deutschen Boden zu betreten.

Dann kommen die Bücher – deutsche Bücher, übersetzt ins Hebräische. Sie verändern Amos Oz'

Einstellung zu Deutschland und den Deutschen. Er hinterfragt seine Sichtweisen. 1983 reist er erstmals nach Deutschland. Es folgen viele weitere Reisen. 1992 erhält er den Friedenspreis des Deutschen Buchhandels – und sagt in seiner Dankesrede: »Ich glaube, daß ein Buch zuweilen das Leben vieler Menschen zu ändern vermag.«

Im Falle von Amos Oz haben viele deutsche Bücher ein jüdisches Leben verändert. Seine Ansichten über Deutschland haben sich mit der Zeit gewandelt. Normalisiert haben sie sich nicht. Es bestehe eine Kluft zwischen der Situation, in welcher sich die Nachkommen der Mörder befänden, und jener der Nachkommen der Ermordeten – von Normalisierung sollte man daher nicht sprechen. Besser sei es, von einer Intensivierung der Beziehungen zu sprechen, so Amos Oz.

Die heutigen Beziehungen von Deutschland und Israel zueinander sind partnerschaftlich und freundschaftlich. Dass sie dies sind, ist ein Wunder der Geschichte. Es verdankt sich insbesondere Konrad Adenauer und David Ben-Gurion, diesem doppelten Glücksfall unserer jüngeren Geschichte. Sie hatten die Einsicht und die Größe zu einem Neuanfang – unmittelbar nach den Staatsgründungen Israels aus der Asche des Holocausts und der Bundesrepublik auf den Trümmern des Nazi-Regimes. Bereits 1952 schlossen beide Staaten ein Abkommen, das zwar nicht wiedergutmachen konnte, was nicht gutzumachen ist, das aber zum Beginn wechselseitiger Annäherung wurde und am 12. Mai 1965 in den Austausch offizieller Botschafter mündete.

Heute – siebzig Jahre nach der Staatsgründung Israels – bilden die Beziehungen zwischen unseren beiden Ländern eine »Brücke über dem Abgrund« der gemeinsamen Geschichte, wie Shimon Peres es als amtierender Staatspräsident in seiner Rede 2010 bei der Gedenkfeier für die Opfer des Nationalsozialismus im Deutschen Bundestag in ein Bild fasste. Eine solche Brücke braucht Säulen und ein Fundament. Es sind die gemeinsamen Werte, auf denen unsere Beziehungen und unsere politische Zusammenarbeit heute basieren. Seit 2008 finden jährlich Regierungskonsultationen statt. Die vielfältigen parlamentarischen Kontakte vertiefen das gegenseitige Verständnis zusätzlich. Auch verbinden unsere Länder ein lebhafter, wechselseitig befruchtender Kulturaustausch, die intensiven, stetig wachsenden Handelsbeziehungen und die zahlreichen Hochschul- und Wissenschaftskooperationen. Inzwischen haben sich über einhundert Städtepartnerschaften etabliert.

Besonders dankbar sind wir Deutsche dafür, dass nach den traumatischen Erfahrungen der NS-Diktatur und des Holocausts wieder jüdisches Leben in Deutschland entstehen konnte. Umso beschämender ist, dass es heute überall in Europa noch immer antisemitische Vorfälle gibt, denen wir entschieden entgegentreten müssen. Antisemitismus, wo immer er auftritt, ist nicht akzeptabel; in Deutschland ist er unerträglich.

Unsere beiden Länder teilen – bei allen Unterschieden – eine Reihe von Gemeinsamkeiten. Beiden, Deutschen wie Israelis, kommt eine besondere Verantwortung in den Regionen zu, in denen sie leben: Deutschland in Europa, Israel im Nahen Osten. Die Herausforderungen, die sich ihnen jeweils stellen, sind freilich gänzlich verschieden, und

Deutschland ist in einer gleich doppelt privilegierten Lage: Es ist ausnahmslos von Freunden und von demokratisch geführten Staaten umgeben. Knapp dreißig Jahre nach dem Fall des Eisernen Vorhangs haben in Europa, innerhalb der Europäischen Union, Grenzen ihre Bedeutung weitgehend verloren. Beides trifft für Israel bis heute nicht zu – und wir verstehen die Sorgen Israels. Wir sind überzeugt: Israel muss mit demselben Recht wie seine Nachbarn in international anerkannten Grenzen leben können, frei von Angst, Terror und Gewalt. Zugleich übersehen wir nicht, dass es dabei auch um die israelische Mitverantwortung für die Verhältnisse in den palästinensischen Gebieten geht. Die notwendige Debatte darüber muss vor allem in Israel geführt werden – und sie findet statt, streitbar, gelegentlich leidenschaftlich, immer demokratisch, in der Gesellschaft.

Die deutsche wie die israelische Gesellschaft pflegen eine politische Kultur, die Streit zwischen unterschiedlichen Auffassungen und Interessen nicht scheut, sondern in ihm den Ausdruck einer pluralen, offenen Gesellschaft erkennt. Meinungsverschiedenheiten nicht nur auszuhalten, sondern zu benennen und miteinander auszutragen, gehört zum Wesen einer echten Partnerschaft. Kritik ist legitim, manchmal unverzichtbar – auch und gerade unter Freunden.

Freundschaft kann man sich nicht verdienen. Freundschaft ist ein Geschenk, auf das es keinen Anspruch gibt – zwischen Deutschland und Israel schon gar nicht. Freundschaft will aber gepflegt werden. In diesem Sinne wollen wir die Beziehungen weiter festigen und entwickeln; wir wollen sie weiter intensivieren, wie Amos Oz es fordert. Wir begreifen sie als das, was sie sind: eine Verpflichtung und dauerhafte Aufgabe.

Amos Oz

DEUTSCHLAND UND ISRAEL

Vor allem: Keine Normalisierung. Normale Beziehungen zwischen Deutschland und Israel sind nicht möglich und nicht angemessen. Normale Beziehungen können zwischen Norwegen und Neuseeland bestehen oder zwischen Uruguay und Sri Lanka. Zwischen Deutschland und dem jüdischen Volk herrschen seit über zweihundert Jahren ambivalente Beziehungen, intensive, tiefe und verletzte, komplizierte und vielschichtige Beziehungen. Keine normalen Beziehungen.

Und das gilt für diese Beziehungen auch in der Zukunft. Denn ob es uns paßt oder nicht, es gibt unverkennbare »deutsche Kultur-Gene« in unserer jüdisch-israelischen Kultur, genauso wie es unverkennbare »jüdische Kultur-Gene« in der deutschen Kultur gibt.

Auch vor der Gründung des Staates Israel, auch vor dem Mord an den Millionen Juden durch die Nazi-Deutschen, herrschten ambivalente Beziehungen zwischen Juden und Deutschen, zeitweilig waren diese Beziehungen vertraut, schwierig waren sie und vielfältig, und sie hatten auch ihre dunklen Seiten. Keine normalen Beziehungen.

Ich war sechs Jahre alt, als der Zweite Weltkrieg endete. Meine Eltern erklärten mir am Eßtisch, daß ich Tante Malka und Onkel David und meinen Cousin Daniel und Onkel Chajim und Tante Lenka und noch viele andere Verwandte, die ich nur aus den Photoalben der Eltern kannte – daß ich sie alle niemals treffen würde, weil Deutsche sie umgebracht hatten.

Warum hatte man sie umgebracht? Was hatten sie getan?

Vater antwortete: Wenn du etwas älter bist, werde ich es dir erklären. Die Erklärung ist nichts für Kinder.

Doch Mutter wandte ein: Nein. Du wirst es ihm nie erklären, weder jetzt noch wenn er größer ist. Nicht weil die Erklärung nichts für Kinder ist, sondern weil du keine Erklärung hast. Die Deutschen sollen es erklären. Nicht du.

Ich dachte: Aber ich werde doch niemals einen

Deutschen treffen, denn wir werden ihnen niemals vergeben, und deshalb werde ich von ihnen auch nie eine Erklärung erbitten können und werde nicht wissen, weshalb sie meine Verwandten in Europa umgebracht haben. Auch die Kinder.

Einmal fragte ich Mutter: Meinst du, daß wir ihnen eines Tages, in vielen Jahren, vielleicht vergeben werden?

Mutter gab mir zur Antwort: Wenn sie sich selbst nicht vergeben, dann werden wir ihnen vielleicht irgendwann ein bißchen vergeben. Aber wenn sie sich selbst vergeben, dann werden wir ihnen nicht vergeben.

Und dann wurde der Staat Israel gegründet. Und in jedem Paß, den der junge Staat seinen Bürgern ausstellte, war während der ersten Jahre der Unabhängigkeit Israels vermerkt: »Dieser Paß ist gültig für alle Länder – mit Ausnahme von Deutschland«: nicht »mit Ausnahme von Staaten, die sich im Kriegszustand mit Israel befinden« (alle Staaten der Arabischen Liga waren damals im Kriegszustand mit Israel) und nicht »mit Ausnahme von Staaten, die den Staat Israel nicht anerkennen und keine diplomatischen Beziehungen mit ihm unterhalten« (das waren damals fast alle islamischen Länder, viele Staaten der »Dritten Welt«, etwa die Hälfte der Mitglieder der Vereinten Nationen, obwohl der Staat Israel zu jener Zeit kein »Besatzerstaat« war und keine Herrschaft über die palästinensischen Gebiete ausübte).

Nein. Der Vermerk in jedem Paß setzte fest, einzig und allein, »mit Ausnahme von Deutschland«.

In der vierten Klasse erklärte uns unser Lehrer Herr Rafael Avissar, was die Inquisition den Juden im Mittelalter angetan hatte und wie alle Juden im Jahr 1492 aus Spanien vertrieben worden waren. Die Juden ihrerseits, erzählte uns Herr Avissar, belegten Spanien mit einem allumfassenden Bann: Sie schworen, nicht mehr dorthin zurückzukehren. Und tatsächlich haben wir Hunderte von Jahren keinen Fuß mehr auf die Iberische Halbinsel gesetzt. Erst ungefähr vierhundertundfünfzig Jahre nach der Vertreibung aus Spanien kamen wieder ein paar Juden dorthin, nicht weil der Bann aufgehoben worden war, sondern weil sie keinen anderen Zufluchtsort vor der nazideutschen Mordmaschinerie fanden. Und ich, ein nationalistisch-patriotisches Kind, dachte damals: Wenn Spanien es verdient hatte, von uns für Hunderte von Jahren mit Bann belegt zu werden, so hat Deutschland es verdient, von uns für immer mit Bann belegt zu werden. Und ich beschloß, niemals deutschen Boden zu betreten. Und keinerlei deutsche Erzeugnisse zu kaufen. Niemals. Ausgenommen vielleicht aus dem Deutschen übersetzte Bücher, da es verboten war, Bücher mit Bann zu belegen. Denn das hätte doch bedeutet, ein bißchen zu sein wie die, oder?

Doch nach einigen Jahren verschwand der Vermerk »mit Ausnahme von Deutschland« aus den israelischen Pässen. Verschwand plötzlich, ohne irgendeine offizielle Begründung. Israelische Staatsbürger begannen zu dem neuen Deutschland hinüberzuschauen – allerdings nur zu dem westlichen. (Seit Mitte der fünfziger Jahre verbündete sich Ostdeutschland auf entschlossene, begeisterte Weise mit den arabischen Feinden Israels, die sich die Auslöschung Israels auf die Fahnen geschrieben hatten.)

1952 wurde das »Wiedergutmachungsabkommen« zwischen der Bundesrepublik Deutschland und dem Staat Israel unterzeichnet. Es löste großen Widerstand in Deutschland aus und ein tiefes und stürmisches emotionales Aufbegehren in Israel. In Jerusalem versammelten sich Zehntausende wütende Demonstranten, die dieses »Wiedergutmachungsabkommen« als Schande betrachteten, als Entweihung des Andenkens an die sechs Millionen Ermordeten und als Ausverkauf der »nationalen Selbstachtung« aus purer Geldgier. Die beiden Redner dieser Protestkundgebung waren der Oppositionsführer Menachem Begin und der Onkel meines Vaters, der Historiker Professor Joseph Klausner. Begin drohte der Regierung mit Blutvergießen, und Klausner brach mitten in seiner Rede in hysterisches Weinen aus. Die aufgebrachten Demonstranten drangen während der Abstimmung über das Abkommen wütend zu dem Gebäude vor, in dem die Knesset tagte, bewarfen es mit Steinen und versuchten, es zu stürmen. Nur ein starkes Polizei- und Militäraufgebot vermochte es, sie daran zu hindern.

Ein Teil dieser Wut war vielleicht schon bedingt durch die unglückliche Wahl des schrecklichen hebräischen Wortes *schilumim* (Entgeltleistungen, Zahlungen; abgeleitet von *leschalem*: bezahlen, begleichen) und des noch schrecklicheren deutschen Wortes *Wiedergutmachung* oder auch des englischen Wortes *reparations*. Der Dichter Nathan Alterman (der für das Abkommen war) forderte damals, einzig und allein von der »Rückerstattung des geraubten Vermögens« oder von der »Rückgabe der Beute« zu sprechen: Es kann keine »Entgeltleistungen« geben, niemals, für die Millionen Mordtaten.

Ich erinnere mich daran, wie ich zum ersten Mal, im Jahre 1954 oder 1955, im Tel Aviver Bahnhof einen neuen glänzenden Zug bestieg, um nach Haifa zu fahren, einen in Deutschland hergestellten Zug, mit einer modernen Diesellok, wie wir sie bis dahin bei uns noch nicht gesehen hatten: Es war einer der ersten Züge, die uns die Bundesrepublik Deutschland im Rahmen des »Wiedergutmachungsabkommens« geschickt hatte. Während der ersten Hälfte der Fahrt hörte ich die Räder des komfortablen, blitzenden Zuges ohne Unterlaß rattern: deut-scher Zug, deut-scher Zug, deut-scher Zug, mit dem ganzen beängstigenden Widerhall des Räderratterns der Waggons der deutschen Mord-Züge.

Etwa auf halbem Wege verstummte dieses schreckliche Echo in meinem Kopf und machte Platz für einen noch schrecklicheren Gedanken: Dieser moderne Waggon, die bequemen Sitze, die polierten Holzverkleidungen, die schnelle, elegante Lok, all das ist uns nicht von Deutschland geschenkt worden. Ganz im Gegenteil: Das sind die Geschenke der Ermordeten. Der gepolsterte Sitz, in dem ich es mir am Fenster bequem machte, wurde in Wahrheit von den bescheidenen Ersparnissen von Emma und Hermann Rosenthal aus Marburg gekauft, Ersparnisse, die im Laufe vieler Jahre gehortet worden und für die Hochzeit ihrer einzigen Tochter Ilse bestimmt waren. Und die blanken Fenster mit den hellen Vorhängen sind die Erbschaft des winzigen Lebensmittelladens der Familie Mendel Kellner aus dem galizischen Städtchen Tarnów. Und der Speisewagen ist vielleicht das einzige Andenken an ein bescheidenes Restaurant für Milchspeisen, das den Brüdern Grodzenski in Wilna gehört hatte.

All das, was die Ermordeten, die zu Tode Gequälten einmal ihren Kindern und Enkeln zu vererben gehofft, all das, was sie mühselig über Generationen erworben und gehütet hatten, vererbten sie nicht, wie es üblich ist, ihren Nachkommen, sondern mir, der ich nicht einmal ihren Namen kannte und ihre Sprache nicht sprach und ihr Schicksal nicht teilte, mir, der da zitternd in der Ekke des Waggons saß, der von ihrem Geld bezahlt worden war. Also kein deutscher Zug, sondern das Geschenk der Gequälten, das Erbe der Ermordeten. To-ten-zug, ratterten die Räder auf den Schienen, To-ten-zug, To-ten-zug.

Während meiner Kindheit in Jerusalem war die deutsche Sprache nahezu verboten. In der Apotheke von Herrn Heinemann wies man jeden scharf zurecht, der in »der Sprache unserer Mörder« eine Frage stellte, eine Meinung äußerte. Da nutzten auch die verlegenen Entschuldigungsversuche der älteren Menschen nichts, denen es nicht gelungen war, Hebräisch zu lernen, die kein Jiddisch konnten und keine andere Sprache außer der deutschen hatten, um eine Packung Aspirin zu verlangen. Sie schämten sich, und manche von ihnen schämten sich sogar ihrer auf deutsch geträumten Träume.

Ich erinnere mich an die bedauernswerten Jerusalemer Professoren jener Tage, unter ihnen nicht wenige renommierte Gelehrte, die außerstande waren, die semitische Sprache mit den abgehackten kehligen Lauten zu erlernen, mit dem auf den Kopf gestellten Satzbau, der fremden und befremdlichen Syntax und Wörtern, die keinerlei Ähnlichkeit mit in der zivilisierten Welt bekannten Wörtern hatten. Die Glücklicheren unter diesen Professoren bekamen unter der Bedingung, daß sie ihre Vorlesungen auf hebräisch und nur auf hebräisch hielten, Lehrämter an der einzigen Universität von Erez Israel auf dem Skopusberg in Jerusalem. Und so blieb ihnen nichts anderes übrig, als jede einzelne ihrer Vorlesungen auf deutsch zu verfassen und sie jemandem zu geben, der sie gegen Bezahlung ins Hebräische übersetzte und die hebräischen Wörter dann auf der Schreibmaschine in lateinischen Buchstaben transkribierte, so daß diese glücklicheren Professoren sie, an ihren Pulten stehend, stockend, stammelnd ablesen konnten, vor Studenten, von denen manche danach gezwungen waren, sich jemanden zu suchen, der diese Vorlesungen für sie gegen Bezahlung übersetzte, zurück ins Deutsche – denn auch sie taten sich schwer mit dem Hebräischen, nicht weniger als ihre Professoren ...

Und trotzdem fingen wir Kinder ein paar deutsche Wörter auf: Aus der Luft fingen wir sie auf, im Lebensmittelladen, hauptsächlich aber aus den Filmen über den Zweiten Weltkrieg, von denen die meisten direkt aus Hollywood in unser Jerusalemer Edison-Kino kamen. Aus dem Mund eiskalter, bösartiger Nazis in Wehrmachtsuniformen oder in schwarzen SS- und Gestapo-Uniformen hörten wir dann, wieder und wieder, jenes Dutzend gebellter deutscher Wörter, bei denen es mir heute noch kalt über den Rücken läuft: *raus*, *schnell*, *Achtung*, *kaputt*, *Zug*, *Eisenbahn*, *halt!* Und *jawohl!*

Das englische *jew* oder das französische *juif* oder das arabische *jahud* oder das spanische *judío* klingen vollkommen neutral in meinen Ohren. Aber jedesmal, wenn ich das deutsche Wort *Jude* höre, dehnt sich in meiner Vorstellung die erste Silbe zu einem langgezogenen Ton, wird zu einem höhnischen, bösartigen, sadistischen *Juuu-de …*

Wenn ich bei Aufenthalten in Deutschland oder in Österreich im Restaurant auf englisch um Mineralwasser bitte, kommt es immer wieder vor, daß mich die Kellner unschuldig-höflich fragen: »With gas? Or without gas?« Und ich, einen Moment lang erstarrt, hole tief Luft und antworte: »Sparkling, please.«

Es gab bei uns einen Jungen namens Chanan, geboren 1932, der aus der kleinen Stadt Zwickau kam. Darum wurde er bei uns »Zwika« genannt, obwohl wir ja wußten, daß bei jedem Chanan – wenn man nur ein wenig an der Oberfläche kratzt – gleich ein Hans oder ein Johannes zum Vorschein kommt, der sich vergebens bemüht, sich als Chanan oder Jochanan zu tarnen.

Dieser Hans nun, versteckt hinter einem Chanan, der vorgab, ein Zwika zu sein, bemühte sich überhaupt nicht, seine Sehnsucht nach seinem geliebten Zwickau vor uns zu verbergen, aus dem er im Alter von sechs oder sieben Jahren mit seinen Eltern geflohen war: Die Linden, die dort wuchsen, waren in seinen Augen viel schöner als die Zypressen und Kiefern in unserem Jerusalem, die Backsteinhäuser dort waren viel wohnlicher und geräumiger als unsere Häuser aus unbehauenem Stein, die Berge dort waren grün und bewaldet im Vergleich zu unseren karstigen Hügeln, und selbst die Menschen in Zwickau waren viel kultivierter und höflicher als die Schreier hier in Jerusalem. (»Ausgenommen von ein paar von unseren Nachbarn dort, die Hitler ganz meschugge gemacht hatte, als er ihnen befahl, uns Böses zu sagen und anzutun.«)

Doch wie konnte jemand überhaupt Sehnsucht nach Deutschland haben? Wie konnten Chanans Eltern den lieben langen Tag Musik von Deutschen auf ihrem Grammophon spielen? Ihren Namen auf dem Briefkasten nicht nur auf hebräisch, sondern auch auf deutsch schreiben? Essen von Deutschen kochen? Ihrem Baby deutsche Lieder vorsingen? fragten wir uns. Bis es dem unglücklichen Zwika einmal entfuhr, daß er und seine Eltern daran dächten, eines Tages nach Hause in seine Geburtsstadt zurückzukehren, »wenn bei denen dort in Deutschland der Wahnsinn, der sie befallen hat, einmal vorüber ist«.

Das war zuviel, mit unserer Selbstbeherrschung war es vorbei: Hans-Chanan wurde fürchterlich verprügelt, die von seiner Mutter liebevoll gehegten Stiefmütterchen wurden aus den Kästen auf den Fensterbänken gerissen und nachts auf die Eingangstür der Familie Hakenkreuze gemalt. (»Nicht so schlimm«, sagte Chanan am nächsten Morgen, »ich kann mich erinnern, daß sie uns mit

Teer auf unsere Tür in Zwickau einen sehr schönen Davidstern geschmiert haben.«)

Im New Yorker Waldorf-Astoria-Hotel traf sich im März 1960 »der Alte« des jungen Israel, David Ben-Gurion, mit »dem Alten« des neuen Deutschland, Konrad Adenauer, zu einem historischen Gespräch. Im April 1961 wurde vor dem Bezirksgericht Jerusalem der Prozeß gegen Adolf Eichmann eröffnet. Die Muttersprache des Angeklagten war Deutsch mit österreichischer Färbung. Deutsch war auch die Muttersprache der drei jüdischen Richter, des jüdischen Generalstaatsanwalts und des deutschen Verteidigers, und es war auch die Sprache vieler Zeugen – dennoch wurde der ganze Prozeß ausschließlich auf hebräisch geführt, während der Angeklagte und sein Verteidiger sich mit einer Simultanübersetzung über Kopfhörer behalfen.

Viele von uns gingen in den Saal von Bet Ha'am, dem Haus des Volkes, in Jerusalem, um den Satan mit eigenen Augen zu sehen. Um mit eigenen Augen die Niederlage und die Demütigung des Satans zu sehen. Seit eh und je neigt die menschliche Phantasie, sowohl die religiöse als auch die volkstümliche und künstlerische, dazu, dem Satan übernatürliche Eigenschaften zuzuschreiben: Wenn er schon keinen Schwanz und keine Hörner hat, wenn er schon keine schwarzen Flammen speit, dann hat er wenigstens dämonisch wie Richard der Dritte zu sein. Oder erschreckend und schrecklich wie Jago. Oder glatt, beredt und hinterhältig wie Mephisto. Die Literatur und die Malerei, das Theater und der Film haben in uns allen das Bild eines gerissenen, satanischen Schurken entstehen lassen, der einen dunklen Zauber auf alle, die ihn sehen, ausübt, ein Schurke, der unsere Phantasie gefangennimmt, kurz – ein satanischer Schurke, der aussieht und sich anhört und sich benimmt wie ein satanischer Schurke.

In dieser Hinsicht bot Adolf Eichmann eine immense Enttäuschung: Keine »Außergewöhnlichkeit« war jenseits der gläsernen Scheidewand wahrnehmbar. Keine fesselnde Eigenart. Keine sichtbare satanische Dimension. Kein Maler hätte ihn als Vorlage für ein Bild des Teufels gewählt, kein Schriftsteller hätte aus ihm Inspiration für die Gestalt des Schurken geholt, kein Filmregisseur hätte ihn für die Rolle des Serienmörders engagiert.

Doch es war ja nicht die Person Eichmann, die viele im Prozeßsaal dergestalt verwirrte (unter ihnen auch Hannah Arendt), sondern es war das Klischee des Bösen, das uralte stereotype Vorstellungsbild des Bösen, das viele von uns, mitunter die Besten, irreführte und denken ließ, daß nicht ein Erzmörder vor ihnen stehen würde, sondern ein gewöhnlicher Bürokrat, ein alltägliches Produkt der »Massengesellschaft« oder des »Zeitalters der Entfremdung«. Von da war es ein kurzer Weg hin zur »Banalität des Bösen«.

Doch das Böse ist nur in den Köpfen jener naiv nach dem Guten Strebenden banal, jener, für die es einfacher ist, nicht an die Existenz des Bösen zu glauben, insbesondere dann nicht, wenn das Böse sich als unscheinbarer Beamter tarnt, der nur Befehle befolgt.

Im Zeitalter der alles überschwemmenden Soziologie, Psychologie und Verhaltensforschung ist das Böse fast vollkommen aus dem Verkehr gezogen. Sogar das eindringliche alte hebräische Wort dafür, *rescha*, ist beinahe verschwunden.

Das Böse wird als natürliches »Produkt« einer schweren Kindheit begriffen oder als betrübliches »Produkt« einer gesellschaftlichen Störung oder als unvermeidliches »Produkt« der Entfremdung, die ihrerseits nichts ist als ein »Produkt« der Moderne, der Massengesellschaft, die den einzelnen in ein entfremdetes Rädchen verwandelt, gesichtslos und gehorsam, innerhalb eines riesigen gesichtslosen Getriebes: »An allem ist die Gesellschaft schuld.« Ohne sich dessen bewußt zu sein, übernahmen viele der Hebräischsprechenden noch vor dem Eichmann-Prozeß und auch noch danach, bis zum heutigen Tag, die nazi-deutsche Terminologie: Sie sprachen und sprechen davon, daß ihre Verwandten in der Shoah »vernichtet« wurden, daß ihr Städtchen »liquidiert« wurde, daß die Juden »umkamen«.

Immer wieder muß man sich ins Gedächtnis rufen: Bei Autounfällen kommen Menschen um. Die europäischen Juden »kamen nicht um«, sondern wurden kaltblütig und bösartig ermordet. Mäuse und Insekten werden vernichtet. Die europäischen

Juden wurden nicht »vernichtet«, sondern mit Kalkül von böswilligen Menschen ermordet, einen schrecklichen Plan in die Tat umsetzend. Shoah – das ist eine Naturkatastrophe, ein Erdbeben, der Einschlag eines Meteoriten, ein Tsunami. Was Nazi-Deutsche den Juden getan haben, den Roma und Sinti, den Homosexuellen, den Intellektuellen, den geistig Behinderten und Hunderttausenden anderer Menschen, war keine »Shoah«, sondern geplanter, absichtsvoller Mord. Ein kaltblütiges Verbrechen: Tausende – mit der vollen oder teilweisen Mitwisserschaft von Millionen – ermordeten kaltblütig Millionen anderer Menschen, die ihnen nichts getan hatten, unter ihnen eine Million Kinder.

Der Eichmann-Prozeß hat nicht bewirkt, daß wir der Existenz der Macht des Bösen und des Bösartigen ins Auge blicken, aber er hat ein Schloß geöffnet, das seit den Mord-Lagern blockiert war. Zwischen 1945 und dem Beginn des Eichmann-Prozesses 1961 hatte eine Art entsetzte Selbstzensur geherrscht, die die Geretteten daran hinderte, über das erlittene Entsetzliche zu sprechen. Diese Zensur war infolge des Prozesses ein für allemal außer Kraft gesetzt: Die Scham darüber, daß die Juden wehrlose Opfer gewesen waren, wurde beim Anhören der Zeugenaussagen des Eichmann-Prozesses weggespült, nicht etwa weil der Mörder durch Juden gefaßt worden war, nicht weil er in einem Glaskäfig vor Gericht gestellt wurde, nicht weil die Opfer hier vielleicht einen Ausgleich für ihr Opfer-Sein verspürten – sondern weil das neue Israel endlich aufzuhören begann, den alten Diaspora-Juden zu verachten, weil es sich mit ihm zu identifizieren begann. Weil jeder israelischer Jude, eingeschlossen die schon im Land geborenen Helden der Schlachten und Siege, in den Tagen des Eichmann-Prozesses gezwungen war, sich zu fragen, was er getan hätte, was er hätte durchmachen müssen, wenn er in jenen Tagen der Verfolgungen und der Morde dort unter den Opfern gewesen wäre.

Die andere Frage aber – was hätte ich getan, was durchmachen müssen, wenn ich in jenen Tagen auf der Seite der Verfolger geboren und erzogen worden wäre – wurde bei uns noch viele Jahre lang verdrängt.

1965 wurden zwischen dem Staat Israel und der Bundesrepublik Deutschland diplomatische Beziehungen aufgenommen. Eine bescheidene israelische Botschaft wurde in Bonn eingerichtet und eine kleine deutsche Botschaft in einem gewöhnlichen Mietshaus im Norden von Tel Aviv. Der deutsche Bundeskanzler Ludwig Erhard entsandte den Botschafter Rolf Pauls zu uns, einen ehemaligen Wehrmachtsoffizier, der während des Zweiten Weltkrieges an der russischen Front einen Arm verloren hatte. Damit rang Erhard dem Staat Israel, wenn auch von israelischer Seite aus unter Widerstreben, eine Legitimierung der Wehrmachtssoldaten ab. Wenn Israel bereit war, einen deutschen Botschafter zu »schlucken«, der in dem Krieg, in dem Hitler Rußland zu vernichten gesucht hatte, gekämpft hatte und verletzt worden war, und ihm somit einen »Koscher-Stempel« zu gewähren, wer auf der Welt würde danach noch verweigern können, ehemalige Wehrmachtssoldaten als moralisch geläuterte Menschen anzuerkennen, würdig, in jeder zivilisierten Gesellschaft aufgenommen zu werden?

Jener Zeremonie zuzuschauen, bei der Botschafter Pauls sein Beglaubigungsschreiben übergab, war nicht leicht. Pauls bestand auf seinem protokollarischen Recht, seine Einführungsrede im Sitz des israelischen Präsidenten in Jerusalem in deutscher Sprache zu halten. Er gab den inoffiziellen Bitten, Rücksicht auf die Gefühle vieler seiner Gastgeber zu nehmen und bei der Zeremonie eine »neutrale« Sprache wie Englisch oder Französisch zu gebrauchen, nicht nach.

Stürmische Demonstrationen begleiteten die Zeremonie, eindringliche, schmerzliche Worte wurden geschrien und geschrieben, doch die Demonstrationen waren wesentlich weniger hart, als sie es dreizehn Jahre zuvor gewesen waren, als das »Wiedergutmachungsabkommen« unterzeichnet wurde. Botschafter Pauls selber erwies sich schnell als ein ausgezeichneter Botschafter seines Landes, ein Mann von außergewöhnlichem Verstand und Takt, ein wahrer Freund Israels, dem es gelang, hier nicht wenige persönliche Freunde zu gewinnen.

Israel entschied sich bei der Wahl seines ersten Botschafters in der Bundesrepublik Deutschland für den in Wien geborenen Asher (Artur) Ben-

Natan. Er war ein Veteran der geheimen Fluchthilfeorganisation Bricha, die nach 1945 unter Umgehung des von den Briten verhängten Verbots der jüdischen Einwanderung eine große Zahl geretteter Juden aus Europa nach Erez Israel, ins Land Israel, zu bringen versuchte.

Ben-Natan, ein blonder, hochgewachsener, breitschultriger, blauäugiger Mann hätte als Double des berühmten Schauspielers Curd Jürgens fungieren können. Er sah aus, als sei er mit der Absicht ausgewählt worden, Deutschland die Gestalt eines »arischen Juden« zu präsentieren – ein Jude, der äußerlich von dem durch die antisemitische Propaganda verbreiteten Zerrbild des Juden unermeßlich weit entfernt war.

Ich erinnere mich an ein Szenario, das mir beim Anblick des Botschafters Ben-Natan kurz durch den Kopf schoß, als er Kanzler Ludwig Erhard in Bonn die Hand gab. Schön von Gestalt, elegant, selbstbeherrscht und gelassen: Wenn sich, behüte, das dort noch einmal wiederholte, dachte ich, so drohte unserem Artur keine Gefahr. Es würde ihm leichtfallen, sich für einen reinen »Arier« auszugeben und sich zu retten. Keiner von jenen würde bei ihm jemals den geringsten Verdacht schöpfen. Eigentlich sah der erste israelische Botschafter nicht aus wie jene, sondern wohl eher so, wie viele von jenen gerne ausgesehen hätten.

Und dann kamen die Bücher. Das heißt, die Bücher gab es schon immer. Bei uns in Jerusalem waren in fast jedem Haus deutsche Bücher zu finden oder auch Bücher, die noch vor dem Zweiten Weltkrieg aus dem Deutschen ins Hebräische übersetzt worden waren: Goethe und Schiller, Kleist und Heine, Thomas Mann und Erich Maria Remarque.

Auch in der Bibliothek meiner Eltern fanden sich all diese Bücher und noch sehr viele andere mehr. Bis zu denen der Schriftsteller und Dichter der Weimarer Republik. Bis Bertolt Brecht. Mit Brecht aber hörten in unseren Regalen die deutschen Bücherreihen auf.

In den sechziger und siebziger Jahren erschienen dann neue deutsche Bücher bei uns in hebräischer Übersetzung, von deutschen Schriftstellern, die nach dem Krieg angefangen hatten zu schreiben: die Romane von Günter Grass, Heinrich Böll, Siegfried Lenz wurden in Tausenden von Exemplaren verkauft und begannen zum literarischen Tagesgespräch in Israel zu werden. Im Frühjahr 1967 veröffentlichte *Keschet*, die angesehenste literarische Zeitschrift, herausgegeben von Aharon Amir, ein etwa zweihundertseitiges Sonderheft, das fast ausschließlich der deutschen Literatur zwischen 1947 und 1967 gewidmet war: Peter Weiss und Hans Magnus Enzensberger, Heinrich Böll und Günter Grass, Theodor W. Adorno, Christoph Meckel und Ingeborg Bachmann, Uwe Johnson und Siegfried Lenz, sie und viele andere waren in diesem Heft präsent, neben Aufsätzen, Essays und Kommentaren israelischer Literaten.

Bald standen *Die Blechtrommel*, *Billard um halbzehn*, *Deutschstunde* und viele andere aus dem Deutschen übersetzte Bücher in den Regalen fast aller israelischen Intellektuellen, einer Generation, die die deutsche Sprache schon nicht mehr beherrschte. Eine große Neugier erwachte bei uns, auf das Deutschland vor den Nazis, auf das Nazideutschland und auf das Deutschland nach den Nazis. Die hebräische Ausgabe von William Shirers *Aufstieg und Fall des Dritten Reiches* wurde ein Bestseller im Israel der siebziger Jahre, und Rolf Hochhuths Stück *Der Stellvertreter* füllte Abend für Abend die Theatersäle. In literarischen Kreisen diskutierte man über die Gruppe 47, und schon wurden bei uns auch Stimmen laut, die sich bemühten, hier und dort wie auch damals und jetzt miteinander in Beziehung zu setzen.

In den sechziger und siebziger Jahren füllten sich die Kibbuzim mit deutschen Jugendlichen, »Volontären«, die überschäumten vor Begeisterung, Optimismus, Hingabe und gutem Willen und die von dem brennenden Wunsch beseelt waren, »hier durch ihrer Hände Arbeit die Verbrechen der Eltern zu sühnen« (und sich nebenbei auch einen Sommer oder zwei an einem sonnigen Ort aufzuhalten, der Natur nahe, wo das Leben sorglos war und sexuelle Freiheit herrschte, fern von den Eltern, fern von der Bürde des Karrieremachens in den bürgerlichen Laufbahnen, die in ihrem Land auf sie warteten).

Die deutschen Volontäre wie auch viele aus anderen westlichen Staaten waren von dem herzlichen, dem gelassenen, dem halb anarchischen Sozialismus der Kibbuzim angezogen, ein Sozialismus, in dem sie die beglückende Alternative zum spießigen, gewalttätigen und säuerlichen Sozialismus jenseits des Eisernen Vorhangs sahen. Die deutschen und die anderen Volontäre waren von der freundschaftlichen, von Gleichberechtigung und Solidarität geprägten Atmosphäre fasziniert, dem unkonventionellen und vertrauensvollen Umgang miteinander im Alltag (obwohl die Scharfsichtigeren unter ihnen beobachten konnten, daß das Kibbuz-Leben und die »Zivilisation der Werktätigen in Israel« schon in den siebziger Jahren im Erlöschen begriffen waren, eine verschwindende, sich langsam auflösende Welt. Damals schon zeigten sich mehr und mehr ihre trügerischen Seiten, ihre verdrängten Schwächen, ihre verleugneten Ungerechtigkeiten).

Nachdem ich *Die Blechtrommel, Billard um halbzehn, Gruppenbild mit Dame* und viele andere aus dem Deutschen übersetzte Bücher gelesen hatte, war ich nicht mehr imstande, alles, was aus Deutschland kam, zu verabscheuen und mit Bann zu belegen, so wie ich es mir und meinem Lehrer Herrn Avissar versprochen hatte, als ich noch ein Jerusalemer Viertkläßler war, ganz und gar vom Feuer der nationalistischen Begeisterung meiner Familie und Umgebung entflammt. Es fiel schwer, sich beim Lesen der *Deutschstunde* von Siegfried Lenz (ein Buch, das mich mehr als alle anderen Bücher der deutschen Nachkriegsgeneration beeinflußt hat) nicht zu fragen: Was hätte ich getan, wie hätte ich mich verhalten, wenn ich in Deutschland geboren worden wäre, wenn ich bei der Machtübernahme der Nazis ein sieben oder zehn Jahre altes deutsches Kind gewesen wäre, Sohn einer bürgerlichen Familie von Linientreuen? Was hätte ich getan, wenn mich meine Eltern, zusammen mit meinen besten Freunden, in die Hitlerjugend geschickt hätten? Wenn ich in dem kleinen Fischerdorf im hintersten Winkel von Schleswig-Holstein, dem nördlichsten Dorf Deutschlands, gelebt hätte? Wäre ich dann vielleicht jener kleine Siggi aus der *Deutschstunde* geworden? Oder jener Maler, das Ebenbild Emil Noldes? Oder vielleicht sogar jener Dorfpolizist, der Prototyp aller Konformisten dieser Welt?

Ich war gezwungen, die Übereinkünfte aus meiner Kindheit zu hinterfragen. Es fiel mir immer schwerer, Deutschland und die Deutschen, all jene, die wir einst in Jerusalem, in den großen Demonstrationen, »ein Volk von Mördern« genannt hatten, unterschiedslos zu hassen. Auch weil ich in den sechziger und siebziger Jahren manches über die Auseinandersetzung vieler Deutscher, öffentlicher deutscher Institutionen und der deutschen Regierung mit den Verbrechen der Vergangenheit hörte und las. Eine Auseinandersetzung, der Österreich, verglichen mit Westdeutschland, fast gänzlich ausgewichen ist. Diese deutsche Auseinandersetzung, die von einem eindringlichen inneren Kampf um die Gestaltung einer Zukunft auf dem Boden der Vergangenheit begleitet war, erweckte in mir Respekt.

Gegen Ende der siebziger Jahre erreichten mich mehr und mehr herzliche Einladungen, Deutschland zu besuchen: man bat mich, ich möge doch kommen, Eindrücke sammeln, nach eigenem Augenschein urteilen. Eines meiner Bücher war ins Deutsche übersetzt worden. Und dann noch eins und noch eins. Wieder und wieder lehnte ich diese Einladungen ab, und jedesmal hatte ich eine gute Ausrede: beschäftigt, krank, Reservedienst in der Armee, anderweitige Verpflichtungen, mitten im Schreiben eines neuen Buches.

Schließlich mußte ich mir selber sagen, daß ich mich eigentlich endlich aufraffen sollte, nach Deutschland zu fahren – und mir zugleich eingestehen, daß ich vor dieser Reise Angst hatte. Siegfried Lenz und seine Frau Lieselotte hatten uns Ende der siebziger Jahre im Kibbuz Hulda besucht und zu einem Gegenbesuch eingeladen. Vom ersten Augenblick an liebte ich diese beiden Menschen, die mir zusammen mit dem deutschen Botschafter in Israel Anfang der achtziger Jahre, Niels Hansen, einem warmherzigen und feinfühligen Mann, halfen, die Angst ein Stück weit in den Griff zu bekommen.

Andere deutsche Freunde halfen ebenfalls. Und so machte ich mich 1983 endlich auf den Weg nach Deutschland.

Deutschstunde von Siegfried Lenz und andere Bücher von Schriftstellern seiner Generation hatten mir die Tür geöffnet. Ihretwillen hatte ich beschlossen, nach Deutschland zu reisen, ihretwillen war es mir unmöglich, der Reise weiterhin auszuweichen.

Als Reiselektüre für meinen ersten Flug nach Deutschland hatte ich die Gedichte des in der Bukowina geborenen jüdischen Dichters Paul Celan ausgewählt. Sein Bild der »blühenden Axt«, sein »der Tod ist ein Meister aus Deutschland« schlugen mir ins Herz (diese Zeile konnte ich auf deutsch vor mich hinsagen). Während des ganzen Fluges ließ mich dieses *der Tod ist ein Meister aus Deutschland* nicht los. Kurz vor der Landung bekam ich einen asthmatischen Erstickungsanfall, wie ich ihn nur sehr selten erlebt habe.

Vor der Reise hatte ich mir ein widersinniges,

aber detailliertes Bild meiner Ankunft ausgemalt: alle Passagiere, die in Deutschland landeten, würden aus dem Flugzeug direkt in einen unterirdischen Betontunnel hinabsteigen. Lange Korridore, mit schwachen gelben Glühbirnen beleuchtet, würden mich nach vielen Biegungen zu einem abgetretenen Treppenaufgang führen, ähnlich einem Ausgang aus einer alten U-Bahn-Station. Draußen würde ich mich dann an einem schwarzweißen Ort wiederfinden, einem düsteren, beängstigenden Ort, zwischen Trümmern und Müllhaufen, ähnlich wie das Wien in Orson Welles' Film *Der dritte Mann*. Vom grauen, niedrigen Himmel würde Nieselregen fallen, und vermummte Schatten würden an verrosteten Eisengittern und düsteren Häusern mit verrammelten Fenstern entlanghuschen.

Doch statt in einem Betontunnel oder im Nieselregen fand ich mich an einem klaren, schönen Frühlingstag in einer Fußgängerzone in Frankfurt wieder, mitten unter fröhlichen jungen Menschen in Jeans, inmitten einer Fülle schwindelerregender Düfte nach Speisen und Gebäck, Blumen und Kaffee, umgeben von bunten Schaufenstern, im Lärm einer Straße, die sich in nichts von einer lärmenden Straße in Manhattan unterschied. Oder in London. Oder in Tel Aviv.

Ein fremder Mann, etwa in meinem Alter, schien mein irritiertes Innehalten inmitten der Fußgängerzone bemerkt zu haben, er kam lächelnd auf mich zu und fragte mich (auf englisch): »Entschuldigen Sie, kann man Ihnen vielleicht behilflich sein?«

»Ja, danke«, antwortete ich, und dann »Nein, danke«, um schließlich, vollkommen verwirrt, noch »Bitte entschuldigen Sie« hinzuzufügen und davonzurennen.

Seitdem war ich mindestens fünfzehnmal in Deutschland, zu verschiedensten Anlässen, auf von meinem deutschen Verlagshaus organisierten Lesereisen, zu Diskussionsrunden, auf Konferenzen und Symposien, über Juden und Deutsche, über Israelis und Palästinenser, über Juden, Deutsche und Araber. Viele dort setzen sich gerne und gelegentlich geradezu begeistert mit dem »Nahostkonflikt« oder auch mit der »Beziehung zwischen der Shoah und der Tragödie im Nahen Osten« auseinander. Hie und da tritt in Deutschland ein dunkler, beinahe zwanghafter Wunsch zutage, Vergleiche anzustellen, Parallelen zu ziehen oder kausale Verbindungen aufzuzeigen. Immer wieder schickt man mir freundliche Einladungen, zusammen mit palästinensischen Schriftstellern und Dichtern doch ein paar Tage an einem friedlichen, sorglosen deutschen Urlaubsort zu verbringen, im Grünen, an ruhigen Gewässern. Damit wir einander kennenlernen, Freunde werden, uns davon überzeugen können, daß wir doch alle Menschen sind, daß die Juden nette und gute Menschen sind, daß auch die Araber nette und gute Menschen sind, daß unsere deutschen Gastgeber nett und gut sind und daß mit dieser netten und guten Erkenntnis doch vielleicht ein für allemal dem häßlichen und überflüssigen Konflikt ein Ende gesetzt werden könnte und alle von nun an nett und gut zusammenleben würden.

All das stützt sich auf die in Deutschland, in ganz Europa heute weitverbreitete Annahme, daß jeder Konflikt im Grunde nichts anderes als ein

Mißverständnis sei. Ein bißchen Familienberatung, ein bißchen Gruppentherapie, ein bißchen gemeinsames Kaffeetrinken, und schon würden alle einander lieben.

Einmal, in Deutschland, bei einem dieser von deutschen Friedens- und Versöhnungstreibern initiierten Treffen, fragte mich eine junge deutsche Frau, deren Gesichtszüge mich an das Bildnis einer Kirchenmadonna erinnerten, ob auch ich die Meinung teilte, daß das deutsche Volk in gewissem Maße an der Tragödie des palästinensischen Volks schuld sei. Mir war klar, was man ihrem idealistischen Kopf eingetrichtert hatte: »Da sind diese Juden, die das Leiden überhaupt nicht geläutert hat, und jetzt tun sie den Palästinensern das an, was die Deutschen ihnen angetan haben.« Der Teufel ritt mich, und ich antwortete: Ja, in der Tat sei Deutschland in gewissem Maß an dem Unglück der Palästinenser schuld, denn wäre die vorhergehende Generation der Deutschen weniger nachlässig gewesen und gründlicher an ihr Werk gegangen, hätten also die Nazis nicht einige Millionen Juden am Leben gelassen, so gäbe es heute keine palästinensische Tragödie. Diese Antwort war anscheinend nicht willkommen: Podium und Publikum blieben still, es war eine lange Stille, die Art Stille, die einst »Totenstille« genannt wurde.

Abgesehen von all den Diskussionsveranstaltungen zur Zukunft des Nahen Ostens und zur Verteilung der Schuldenlast zwischen Israelis und Palästinensern und zwischen Israelis, Palästinensern und dem alten Deutschland, finde ich mich aber jedesmal, wenn ich nach Deutschland komme, von Freunden umgeben, literarischen Freunden, persönlichen Freunden und auch einigen geliebten Menschen, mit denen mich Seelenfreundschaft verbindet.

Bei allen Deutschlandaufenthalten sind meine Tage ausgefüllt mit Gesprächen, Vorträgen und Interviews, ich gehe spazieren, schaue und lerne, manchmal gehe ich aus, lache, genieße gutes Essen, guten Wein und scherze viel. Scherze vielleicht mehr als an anderen Orten. Aber in den Nächten in Deutschland schlafe ich nicht gut: Schlafe ein. Wache auf. Schlafe wieder ein. Werde wieder wach. Stehe auf. Gehe im Zimmer auf und ab. Lege mich wieder hin. Schlucke eine Schlaftablette und so weiter.

Sind die heutigen Deutschen schuld an den Verbrechen Nazideutschlands? Eindeutig nicht. Nur unter den Neunzigjährigen und den noch Älteren gibt es Schuldige. Den Kontakt mit Deutschen in diesem Alter vermeide ich soweit wie möglich – es sei denn, sie waren seit eh und je Sozialisten. (Wie kann man, schon von weitem, ein »sozialistisches Gesicht« erkennen? Wer wie ich mehr als dreißig Jahre im Kibbuz gelebt hat, erkennt alte Sozialisten augenblicklich, fast ohne sich je zu irren, an ihrer Kleidung, an ihrer Körpersprache, an vielerlei weiteren feinen Hinweisen.)

Nein, das heutige Deutschland ist nicht schuldig. Doch es trägt noch Verantwortung, Verantwortung sich selbst gegenüber, Verantwortung gegenüber seinem kollektiven Gedächtnis oder seinem kollektiven Vergessen, die vielleicht nicht geringer ist als die Verantwortung den Opfern Nazideutschlands gegenüber.

Viel zu oft höre ich in Deutschland von wohl-meinenden offiziellen Vertretern und auch von sensiblen Intellektuellen die Floskel von den »schrecklichen Verbrechen, die im Namen des deutschen Volkes verübt wurden«. Doch dieses Klischee ist ein wenig zu glatt und zu bequem: es verführt allzusehr dazu, an kleine kriminelle Delikte zu denken, wie Betrügereien, Namensmiß-brauch, Kreditkartendiebstähle, bei denen die Unterschrift des rechtmäßigen Besitzers gefälscht wird.

Aus der Floskel »Verbrechen, die im Namen des deutschen Volkes verübt wurden« könnte geschlossen werden, daß ganz plötzlich in den drei-ßiger und vierziger Jahren des vorigen Jahrhun-derts jemand aufgetaucht sei, ein Fremder oder ein Außerirdischer, dem es durch Gewalt oder Betrug gelungen ist, sich Stempel oder Unterschrift des deutschen Volkes anzueignen und so »in seinem Namen Verbrechen zu verüben« – während dieses deutsche Volk selbst unschuldig geschlafen oder einen angenehmen Urlaub an der französischen Riviera verbracht und keinerlei Ahnung davon gehabt habe, daß irgendwelche betrügerischen Kriminellen in seinem Namen grausamste und schrecklichste Verbrechen verübten.

Nein, diese Verbrechen wurden nicht »*im Namen* des deutschen Volkes verübt«, sondern *von der Hand* des deutschen Volkes, in den dreißiger und vierziger Jahren des 20. Jahrhunderts. Ein großer Teil des deutschen Volkes hat diese Verbrechen begangen, mit der vollen oder teilweisen Mitwisserschaft eines noch größeren Teils dieses Volkes.

Solange das deutsche Volk die deutsche Sprache spricht, sich an deutschen Landschaften erfreut, solange es mit vollen Händen aus dem Erbe der früheren deutschen Generationen schöpft, aus der Literatur und Philosophie, der Musik, der Architektur und der Kunst, solange die Deutschen sich als Erben der Kultur ihrer Vorfahren betrachten, so lange sollten sie aus ihrem Erbe die Verbrechen ihrer Väter und Mütter weder verdrängen noch tilgen. Solange deutsche Schulen deutschen Kindern deutsches Erbe vermitteln, sollten sie es ohne Auslassungen tun, sollten über Goethe und Himmler lehren, über Weimar und Buchenwald, Heine und

Heydrich, Michael Kohlhaas und Horst Wessel, Immanuel Kant und Alfred Rosenberg.

Je mehr deutsche Volontäre nach dem »Wiedergutmachungsabkommen« und der Aufnahme diplomatischer Beziehungen in die Kibbuzim strömten, je mehr deutsche Touristen nach Israel kamen, um es zu bestaunen und seine Badestrände zu genießen, je mehr Israelis nach Westdeutschland reisten und im allgemeinen mit guten Eindrücken zurückkehrten, desto mehr entwickelten sich zwischen Israel und Deutschland nicht »normale Beziehungen«, sondern eine Art »Flitterwochen«. Die politischen Standpunkte Westdeutschlands waren für Israel angenehmer als die der meisten anderen westeuropäischen Staaten. Der israelische Markt wurde mit in Deutschland hergestellten Autos und Elektrogeräten überschwemmt. Die neue deutsche Literatur fand in Israel ein treues Lesepublikum, und seit Anfang der achtziger Jahre vertiefte sich das Interesse deutscher Leser an übersetzter israelischer Literatur.

Doch von der deutschen Seite aus waren diese »Flitterwochen« von vornherein mit einem gefährlichen Maß an sentimentaler Idealisierung infiziert. Das klägliche Ende der deutschen Begeisterung über die wundervolle israelische Gesellschaft war schon angelegt in dem, was dieser Begeisterung zugrunde lag.

Viele der deutschen Jugendlichen, die aus Idealismus und aus dem Wunsch heraus, »die Verbrechen der Vergangenheit ein wenig zu sühnen«, nach Israel gekommen waren, taten dies eigentlich als Teil eines Protestes und einer Rebellion gegen die Welt ihrer Eltern: da unsere Eltern und Großeltern die Juden als Monster dargestellt haben, erwarten wir jetzt von ihnen, Heilige und Engel zu sein. Da unsere Eltern und Großeltern sie verachtet haben, werden wir sie verehren und ein herrliches, ein wunderbares Volk in ihnen sehen.

Und tatsächlich, unter unseren deutschen Gästen, in den Kibbuzim und überall im Lande, herrschten schwärmerische Erwartungen, hier ein Idyll vorzufinden, Erwartungen, die zu erfüllen die Israelis von vornherein keinerlei Chancen hatten:

die jungen Deutschen glaubten hier das Vorzeige-modell einer Gesellschaft zu finden, in der alle zwar (relativ) arm, aber einander gleichgestellt waren, eine nicht materialistisch orientierte Gesellschaft, eine von menschlicher Solidarität durchdrungene Gesellschaft, eine der Entfremdung und dem Kon-kurrenzdenken in ihrer Heimat ganz und gar kon-träre Gesellschaft.

Sie bewunderten Israels heroisches Standhalten gegenüber ihm an Größe und Zahl weit überlege-nen Feinden, bewunderten die populäre Armee, die Ungezwungenheit, Spontaneität und Direktheit im Umgang miteinander. In den kleinen Wohnungen der »Adoptivfamilien« in den Kibbuzim fanden die deutschen und die anderen Volontäre, was man in den Heimen der Landwirte anderer Länder im all-gemeinen nicht fand: die Liebe zur Musik, vielspra-chige Bildung, aufgeklärte, fortschrittliche An-schauungen, gut bestückte Bibliotheken, in denen nicht selten ein Fachbuch zum Weinanbau oder zur Behandlung von Schafskrankheiten neben einem Band von Kleist, Hölderlin oder Kafka stand – und all diese Bücher auf deutsch.

Doch hinter der schwärmerischen Bewunderung verbargen sich überspannte Vorstellungen, wie die, daß jeder, der einmal Opfer von Verfolgung und Ungerechtigkeit gewesen war, zwingend aus seiner bitteren Erfahrung gelernt und sich in einen eingeschworenen Gerechtigkeitsapostel verwandelt haben müsse, daß sich also alle Leidenden, Gedemütigten und Gequälten in Folge ihrer Leiden, Demütigungen und Qualen wie von selbst auf eine hohe ethische, moralische Ebene erheben.

Unter Opfern von Gewalt gibt es bekanntlich immer solche, die zu Gerechtigkeitsaposteln werden, zu Gegnern jeder Art von Gewalt und Unrecht. Doch unter Opfern ein und derselben Mißhandlung gibt es in der Regel auch solche, die mißtrauischer werden, als sie es vorher waren, und solche, die rachsüchtig und selber gewalttätig werden. Beide dieser einander völlig entgegengesetzten Reaktionen auf erlebte Demütigungen, auf Verfolgungen und Leiderfahrung sind ganz und gar menschlich. (Obwohl natürlich nur eine der beiden human ist.)

Doch dies ist vielen Deutschen, die an den »sentimentalen Flitterwochen« der sechziger, siebziger und frühen achtziger Jahre teilhatten, überhaupt nie in den Sinn gekommen.

Aus diesem Grund war seitens der Deutschen die Enttäuschung über Israel groß, bitter und oft auch radikal, die Begeisterung schlug um bis hin zu tiefer Feindseligkeit. Israel nahm in den Augen nicht weniger Deutscher immer mehr die Gestalt eines Besatzerstaates an, der die Palästinenser unterdrückte, zerfressen war von religiösem und nationalistischem Fanatismus, habgierig, egoistisch, auftrumpfend und häßlich, ein manipulativer Staat, der listig an amerikanischen und anderen Fäden zieht, um Kriege, Unterdrückung und Gewalt im Nahen Osten zu vermehren.

Abstoßende und negative Seiten der israelischen Wirklichkeit existierten natürlich auch in der Zeit der »Flitterwochen«, aber die deutschen Idealisten waren in der Glut ihrer Verliebtheit in das »schöne Israel« zu verblendet, um dort auch nur irgendeinen Schatten auszumachen.

Etwa Mitte der achtziger Jahre erlosch die deutsche Verliebtheit in Israel fast schlagartig und machte wütender Enttäuschung Platz, manchmal auch dem Gefühl, betrogene Liebende zu sein, deren Liebe und Hingabe mißbraucht worden seien.

Die ganze Sympathie der Gutgesinnten und der Stützen der Unterdrückten in Deutschland wurde nun den Palästinensern im besonderen und den arabischen Staaten und der »Dritten Welt« im allgemeinen zugewendet. Und wieder war es eine begeisterte, sentimentale Sympathie, bedingungslos, unterschiedslos.

Je mehr wesentliche Teile der Linken und der liberalen Öffentlichkeit in Deutschland (und anderswo in der Welt) dazu neigen, in Amerika den »großen Satan« zu sehen – um so opportuner ist es, Israel als den »kleinen Satan« darzustellen oder auch als »Rosemary's Baby«.

Das schwer entwirrbare Geflecht von Emotionen und Antriebskräften, die die USA in den Herzen vieler Europäer erweckten und erwecken, sowohl bei der radikalen Linken als auch bei der nationalistischen Rechten, ebenso meine eigene Kritik an der Welt- und Nahost-Politik der USA gehen über den Rahmen dieses Essays hinaus. Hier soll nur angemerkt werden, daß das uralte sowjetisch-stalinistische Klischee Amerika üblicherweise als eine Art Monstrum darstellte, das von listigen, infamen, kriegstreibenden Geldmagnaten aus der Wall Street beherrscht wird, die Teil einer weltumfassenden kapitalistischen Verschwörung sind, einer Verschwörung, die die sowjetische Propaganda am Ende der Stalinzeit undeutlich mit dem geldschweren, tückischen »internationalen Judentum« in Verbindung brachte.

In dieser Hinsicht traf sich das Weltbild der sowjetischen Linken (und oft auch das der nichtsowjetischen radikalen Linken) mit der monströsen Karikatur der nazistisch-antisemitischen Rechten: Auch Hitler und seiner Bande zufolge zog in Amerika eine Weltverschwörung kriegstreibender Geldmagnaten die Fäden, die im Auftrag des »internationalen Judentums« agierten. (»Kosmopolit« und »Parasit« waren weitverbreitete Schimpfwörter sowohl im Wörterbuch der kommunistischen und protokommunistischen Linken als auch in dem der Nazis, und in beiden Fällen enthielten sie einen überdeutlichen Hinweis auf das »internationale Judentum, dessen Krakenarme die Welt umschlingen«.)

Für die antiisraelische Wende in der öffentlichen Meinung Deutschlands ist in der Tat wohl weniger die Rückkehr des alten deutschen Antisemitismus verantwortlich zu machen als jene altbekannte Sentimentalität, jene, die seit eh und je dazu neigt, die Welt schwarzweiß zu sehen, und sie aufteilt in Opfer und Teufel, Gute und Böse, »die Schöne und das Biest«, »Heilige« und »Schurken«.

Yassir Arafat wurde, einer weitverbreiteten Gefühlslage zufolge, als Seelenfreund Fidel Castros wahrgenommen: beide kämpften heldenhaft an vorderster Front gegen den amerikanischen und zionistischen Satan. Fidel war der Freund von Che Guevara. Che war Jesus. Jesus ist die Liebe. Deshalb lieben wir alle Yassir Arafat.

Darüber hinaus werde Deutschland von manchen beschuldigt, sechs Millionen Anne Franks ermordet zu haben. Aber das grausame Verhalten Israels gegenüber den unterdrückten Palästinensern beweise ja, daß die Juden auch nicht besser als andere sind. Vielleicht im Gegenteil. Also könnten unter den Millionen Juden, die von Deutschen ermordet wurden, wohl nicht wenige gewesen sein, die sich, wären sie nicht ermordet worden, vielleicht in grausame israelische Soldaten im Gazastreifen oder fanatische Siedler in der Westbank verwandelt hätten. Wenn also nicht alle sechs Millionen Anne Franks waren, wenn die bösen Taten Israels bezeugen, daß sich unter den Opfern der Nazimörder möglicherweise auch nicht wenige Juden finden ließen, die nicht ganz so liebe Juden waren, dann – wie soll man es sagen – können einige Deutsche vielleicht etwas aufatmen? Vielleicht sieht das ungeheuer große deutsche Verbrechen dann plötzlich ein ganz klein bißchen weniger groß aus?

Um jedem Fehlschluß vorzubeugen: Der erdrutschartige Verfall von Israels Ansehen in den Augen anständiger Leute in Deutschland und in anderen

Ländern gründet in erster Linie in der Politik Israels gegenüber den Palästinensern und in den negativen Veränderungen, die sich in der israelischen Gesellschaft vollzogen haben.

In erster Linie – aber nicht ausschließlich. Zumindest ein Teil des Ansehensverlustes von Israel bei einem großen Teil der deutschen Öffentlichkeit ist mit der deutschen Verliebtheit der sechziger und siebziger Jahre verbunden, einer Verliebtheit, die sich, wie gesagt, in unangemessener Weise aus Schuldgefühlen, Sentimentalität, übertriebenen Erwartungen und einer fast übermenschlichen Idealisierung der Juden und Israels speiste.

Eine derartige Verliebtheit muß geradezu zwangsläufig dazu führen, daß der ernüchterte Verliebte »am Morgen danach« in Groll und Wut erwacht: Auch wenn sich die Besetzung palästinensischer Gebiete durch Israel niemals ereignet hätte, auch wenn die negativen Veränderungen in der israelischen Gesellschaft nicht erfolgt wären, die Enttäuschung war unvermeidlich. Denn sentimentaler Philosemitismus (zumal wenn er mit Gefühlen von Scham und Schuld gegenüber den Juden einhergeht), grenzen- und bedingungslose Judenliebe, eine kitschige Sichtweise, die davon ausgeht, daß jeder, der einmal Opfer war, sich danach als Heiliger zu verhalten hat, all das war von vornerein kein gesundes Fundament für die israelisch-deutschen Beziehungen.

Und daher der folgende Vorschlag: Das Handeln Israels muß nicht Immunität vor Kritik genießen (und verdient es auch nicht), weder in Deutschland noch anderswo in der Welt und auch in Israel selbst nicht. (Auch wenn ich – wäre ich ein Deutscher, der den Wunsch hat, Israel oder die Taten der Juden zu kritisieren – es, aus historischen Gründen, vielleicht mit einem gewissen Maß an Takt zu tun versuchte.) Die Grenze zwischen rationaler Kritik an Israel und irrationaler Feindseligkeit, die von Voreingenommenheiten zeugt, ist schwer zu ziehen. Vielleicht verläuft diese Linie ungefähr zwischen dem, der gegen die Taten der Juden oder die Taten ihres Staates opponiert, und dem, der sagt oder andeutet, daß diese Taten dem historischen, religiösen oder »mentalen« Charakter der Juden entspringen.

Wer sagt oder andeutet, daß die bösen Taten des Staates Israel auf irgendeine Weise mit einer Verschwörung oder einem internationalen, weltumfassenden jüdischen Komplott verbunden sind (und solche Andeutungen werden seit neuestem in Deutschland und andernorts hörbar, nicht nur vom rechten antisemitischen Ende des politischen Spektrums, sondern auch, hier und da, von seinem linksradikalen Ende her), wer die Wirklichkeit so darstellt, ist in Gefahr, wissentlich oder unwissentlich dunkle rassistische Stereotypen in Gang zu setzen, die schon in der nicht allzu fernen Vergangenheit den Brennstoff für Verbrechen lieferten, die ihresgleichen in der Geschichte nicht haben.

Einiges im Handeln Israels in den letzten Jahren, einige der Kräfte, die innerhalb der israelischen Gesellschaft wirken, verdienen in der Tat eindringliche Kritik. Es ist nichts Schlimmes daran, wenn eine solche Kritik auch aus Deutschland kommt. Dem neuen Deutschland steht es selbstverständlich frei, Israel zu unterstützen oder es nicht zu unterstützen, ihm zu helfen oder ihm nicht zu helfen, es anzuprangern und auch politische oder wirtschaftliche Maßnahmen gegen Israel einzusetzen. Diesbezüglich gibt es keinerlei Unterschied zwischen Deutschland und beispielsweise Frankreich oder Norwegen.

Außer in einer Situation, einer Extremsituation, in der – und nur in der – es sich meines Erachtens für Deutschland geziemen würde, einen besonderen Standpunkt einzunehmen, der direkt aus den Folgen der Verbrechen Nazideutschlands gegen das jüdische Volk herrührt: In dem Fall, daß sich Israel in der unmittelbaren Gefahr der Vernichtung und des Völkermordes durch seine Feinde befände – in diesem Fall hat Deutschland die moralische Pflicht, Israel zu Hilfe zu kommen. Und zwar deswegen, weil eine vorhergehende Generation von Deutschen veranlaßt hat, daß ein Drittel des jüdischen Volkes vom Erdboden ausradiert wurde. Das Fehlen dieser Millionen Ermordeten – und ihrer Nachkommen – ist der Grund dafür, daß das jüdische Volk bis in die Gegenwart geschwächt ist.

Die Generation der Deutschen, die an dem

Mord beteiligt waren, stirbt nach und nach, das neue Deutschland hat sich von den Schäden des Krieges bereits erholt, während das jüdische Volk bis heute amputiert ist und an einen »Rollstuhl« gefesselt. Das verleiht den Juden oder Israel keinerlei moralischen Vorteil und bestimmt keine moralische Immunität. Aber sollte ein Moment kommen, in dem der Staat Israel, behüte, durch einen gegen ihn gerichteten Krieg in seiner Existenz bedroht ist – dann müßte Deutschland sich daran erinnern, daß das jüdische Volk, wäre Deutschland nicht gewesen, heute größer wäre, als es ist, und besser befähigt, seine Existenz zu verteidigen. Die Enkel der Mörder tragen natürlich kein Kainsmal, aber die Enkel der Ermordeten sind zumeist Menschen mit verletzter Seele. Von der moralischen Seite gesehen, sind zwanzig-, dreißig- oder fünfzigjährige Deutsche nicht anders als Norweger oder Neuseeländer ihres Alters. Aber die Lebensgeschichten von Juden ihres Alters sind immer noch auf vielerlei Weise, direkt und indirekt, davon beeinflußt, was die deutsche Großvätergeneration ihren Eltern und Großeltern angetan hat. Der Alltag Deutschlands, zumindest nach dem Fall der Berliner Mauer, ist ein normaler westeuropäischer Alltag. Jene, deren Eltern in Europa ermordet oder gezwungen worden sind, in äußerster Not von dort zu fliehen, tragen noch die Narben des Mordes und müssen weiterhin mit seinen Folgen und mit den Folgen seiner Folgen kämpfen. Eine ungeheuere Kluft tut sich also auf zwischen der Situation, in der die Nachkommen der Mörder sind, und der, in der sich die Nachkommen der Ermordeten befinden. Auch wegen dieser Kluft hat es keinen Sinn, von einer Normalisierung zu sprechen. Man sollte besser über eine Intensivierung der Beziehungen sprechen, nicht von ihrer Normalisierung.

Arad, April 2005

Amos Oz

NACHBEMERKUNG

In den Jahren nach dem ersten Erscheinen dieses Bändchens waren die meisten Juden, die die Nazis überlebt hatten, an Altersschwäche gestorben. Auch von den alten Nazis lebt heute natürlich kaum einer mehr. Die letzten noch lebenden Opfer waren Säuglinge oder Kleinkinder, als ihre Mörder achtzehn oder zwanzig Jahre gezählt hatten. Die allerletzten Opfer haben ihre Mörder überlebt. Bald werden wir uns in einer Welt ohne ein einziges lebendes Relikt von beiden Seiten der Nazi-Katastrophe befinden.

Bald wird es kein Zeugnis eines Lebenden mehr geben. Nur Texte und Fotos und Filmaufnahmen, nur das menschliche Vermögen der Abstraktion, Vorstellungskraft und moralischen Verantwortung. Sonst nichts.

Wie ist Deutschland in den vergangenen dreizehn Jahren mit seinem menschlichen Vermögen zur Abstraktion, Rückbesinnung und moralischen

Verantwortung umgegangen? Wie gibt Deutschland seine Bürde, sein moralisches Fanal von den letzten der noch lebenden Erinnernden an die Generation weiter, die über keine eigenen Erinnerungen verfügt?

Bei der Wiederlektüre dieses Buches muss ich ebenso sehr an meine Mutter wie an meine Tochter denken. Meine Mutter, Fania Klausner, sagte mir einst, dass wir den Deutschen nicht vergeben sollen, falls sie sich selbst vergeben. Meine Tochter, Professorin Fania Oz-Salzberger, konstatiert eine »neue Unnormalität« zwischen Deutschen und Juden. Meine Mutter, die Europas entfesseltem Antisemitismus in den 1930er Jahren entkam, setzte nie einen Fuß auf deutschen Boden; meine Tochter hat in Berlin gelebt und in München gelehrt. Aber beide stehen auf derselben Seite. Meine Mutter sprach in ihrer Zeit von Schuld, meine Tochter spricht heute von einem moralischen Wächteramt.

Auch Bundespräsident Richard von Weizsäcker schlug sich auf diese Seite. Seine Bundestagsrede vom 8. Mai 1985 war und ist auf Generationen hinaus die tragende Säule der deutschen Verpflichtung – Verpflichtung, nicht Schuld. Jürgen Habermas vertritt ebenfalls seit langem dieselbe Einstellung und hat ein philosophisches Licht von solcher Helligkeit entzündet, dass es Immanuel Kant mit dem Zeitalter des Internets verbindet: Die wahre Menschlichkeit, große Kultur, besteht in der Erinnerung, im Gespräch, in der unaufhörlichen Verknüpfung von Vernunft und einer ethischen Haltung. Solange die Deutschen diesen Vorbildern folgen, leben sie in einem Deutschland, das ich besuchen, mit dem ich sprechen, das ich sogar bewundern kann.

Die israelisch-deutschen Beziehungen werden so bald nicht zur globalisierten, geschäftsmäßigen Routine werden. Dies liegt nicht mehr in der Hand von Regierungen. Der menschliche und kulturelle Austausch von Israelis und Deutschen, der allmählich und unmerklich aus dem schrecklichen tabuisierenden Schweigen der Nachkriegsjahre hervorgegangen ist, gehört zu den faszinierendsten Entwicklungen des frühen 21. Jahrhunderts. In Tel Aviv und Berlin sind junge Israelis und Deutsche miteinander im Gespräch. Keine vorangegangene

Generation hat so viel Umgang miteinander gehabt, so viel gegenseitige Inspiration erlebt – sei es in Kunst, Literatur, Kino, Wissenschaft oder in der menschlichen Berührung. Das ist wahrlich eine neue Art von Unnormalität. Möge sie wachsen und gedeihen.

Im Laufe des vergangenen Jahrzehnts hat Deutschland um die allgemeinen Lehren aus seinem folgenschweren Verbrechen gegen die Juden und gegen die Menschlichkeit gerungen. Es hat dies mit politischem Stehvermögen und einer unermüdlichen öffentlichen Debatte getan. Ich würde sogar behaupten, es hat dies auf eine zutiefst jüdische Weise getan. Neue Dilemmata sind entstanden, die Turbulenzen unserer neuen Epoche, in der es gilt, sich Tyrannen entgegenzustellen und Flüchtlinge zu begrüßen, während gleichzeitig das Aufeinanderprallen von Traditionen und Werten zu bewältigen ist – und in der das Licht des vernünftigen Humanismus, Europas bestes Erbe, vor den wandernden Schatten eines atavistischen Nationalismus, Europas schlechtestem Erbe, beschützt werden muss.

»Grad in der Mitte unsrer Lebensreise«, beginnt Dante seine *Göttliche Komödie*, »befand ich mich in einem dunklen Walde«. Wir sind in jedem historischen Moment in der Mitte unserer Lebensreise und in einem dunklen Wald. Die Tatsache, dass Deutschland sein humanes Licht, das nicht frei ist von Schatten und echten moralischen Dilemmata, hochgehalten hat, macht mich neugierig auf die Fortsetzung des Gesprächs. Es ist weit mehr als ein jüdisch-deutsches und israelisch-deutsches Gespräch. Es ist heute ein wahres Licht für die Welt, und es darf nie erlöschen – sich nie »normalisieren«.

April 2018